AF356981

NOTICE

SUR

LA VIE ET LES OUVRAGES

DE

LOUIS DE HÉRICOURT

PAR

Étne CHORON.

———◦———

Extrait du Bulletin de la Société historique et archéologique
de Soissons.

———◦———

LAON.

IMPRIMERIE DE ÉD FLEURY, RUE SÉRURIER, 22.

1863

NOTICE

SUR

LA VIE ET LES OUVRAGES

DE

LOUIS DE HÉRICOURT.

Alphonse Paillet, l'éloquent avocat qui a été, de notre temps, l'une des lumières du barreau de Paris, déjà si plein d'illustrations, et dont la statue va bientôt s'élever dans nos murs, n'est pas le seul jurisconsulte de renom à qui notre ville ait donné le jour. Dans le siècle dernier un autre Soissonnais, Louis de Héricourt, sut aussi se créer, dans ce même barreau de Paris, une place éminente.

Louis de Héricourt n'a pas, comme Paillet, conquis sa célébrité à la barre et par l'éclat de la parole; c'est par ses consultations et ses écrits qu'il est devenu illustre. Nos deux compatriotes, tout en ayant suivi la même carrière, sont ainsi parvenus à la renommée par des voies différentes. Paillet a eu une vie plus extérieure, plus brillante. Il a eu les émotions et les succès de l'orateur. Et ses plaidoyers, comme ses discours, recueillis par la sténographie, attestent encore toute la vigueur de sa dialectique, bien qu'ils perdent à la lecture ce que l'accent de l'avocat, sa physionomie pleine de finesse et sa parole pleine de tact y ajoutaient de persuasif et de séduisant. Louis de Héricourt, avec une existence non moins active, a plus vécu dans le silence et la méditation du cabinet. Et s'il n'a pas eu les triomphes de l'audience, il a l'avantage de revivre plus entier dans ses œuvres.

Notre Société, qui s'est donné la mission de sauver de leurs ruines ou du moins de l'oubli les monuments du passé, a aussi pour devoir de raviver le souvenir des hommes illustres de notre pays. Parmi ces hommes est certainement Louis de Héricourt. Sans doute, la vieille législation qu'il a commentée et mise en ordre, dont il a appelé et préparé sur quelques points la réforme, a disparu, et, avec elle, l'utilité actuelle et pratique de ses écrits. Il m'a semblé néanmoins intéressant de remettre en lumière cette figure historique, l'une de nos gloires locales ; et je me suis décidé à faire le travail que je vous présente sur la vie et les ouvrages de notre grand canoniste du XVIIIe siècle.

Louis de Héricourt est né à Soissons le 20 août 1687, de Charles-Julien de Héricourt et de Marie Levesque.

S'il tenait par cette dernière à la roture, il appartenait par son père à la noblesse et à une noblesse aussi ancienne qu'incontestable. L'*armorial* et tous les *nobiliaires* de France mentionnent la famille de Héricourt (1). Ils en suivent la généalogie jusqu'au delà du XIVe siècle. Ils en font connaître les armes (2). Ce qui vaut mieux, ils montrent les De Héricourt, se distinguant presque à chaque génération, soit dans l'église, soit dans la robe et plus souvent dans l'épée. Plusieurs ont péri bravement sur les champs de bataille (3). Deux autres, devenus chevaliers de Malte, ne se firent pas seulement remar-

---

(1) Elle est originaire de l'Artois, a séjourné pendant quelque temps en Franche-Comté ; puis elle s'est fixée en Picardie et dans le Soissonnais.

(2) Elles étaient d'argent, à la croix de gueules, chargée de cinq coquilles d'argent.

(3) Jean, à la bataille de Saint-Quentin, le 10 août 1557 ; César, à la bataille de Lens, en 1648 ; Louis, au siège de Pavie, en 1655.

quer par leur courage ; ils montrèrent pour leur
croyance une fermeté qui alla jusqu'au martyre. Faits
prisonniers au siège de la Goulette, en 1552, et mis à
la bouche d'un canon, par les Turcs, qui menaçaient
de les foudroyer s'ils n'embrassaient l'Islamisme, ils
acceptèrent la mort plutôt que de renoncer à leur foi (1).
L'aïeul et un oncle de notre jurisconsulte se rendirent
à leur tour célèbres dans les lettres. Le premier, Julien
de Héricourt, conseiller du Roi au baillage et siège
présidial de Soissons, et choisi à raison de sa science
pour la réformation (2) des eaux et forêts du Languedoc,
a écrit en latin une histoire justement vantée de l'Académie de Soissons (3), dont il avait été l'un des fondateurs.
Le second, entré dans les ordres et devenu doyen de
l'église cathédrale de la même ville, a mérité d'être mis
au rang des écrivains célèbres de son époque (4).
Enfin, le père de Louis de Héricourt, qui fut aussi
conseiller au siège présidial de Soissons, était lui-même
un magistrat distingué. A cette illustration de famille,
dont il pouvait à bon droit se montrer fier, Louis de
Héricourt allait ajouter la sienne propre, appelé qu'il
était, dit un de ses biographes (5), à réunir en lui, à la
fois, les avantages de la naissance et ceux d'un grand
mérite personnel.

(1) Le père de Goussencourt, dans son *Martyrologe des Chevaliers de Malte.*

(2) Cette mission le retint longtemps dans le midi, à Montauban.

(3) C'est à Montauban qu'il a composé cette histoire. Elle a été
de son temps fort applaudie. M. V. Calland y a puisé, sur l'Académie de Soissons, d'intéressants détails qu'on peut lire dans les
Mélanges pour servir à l'histoire du Soissonnais, publiés et
imprimés à Soissons, par M. Fossé-Darcosse, en 1844.

(4) Il s'appelait aussi Louis. Son nom figure dans toutes les
biographies du temps, et son éloge dans *les Hommes célèbres*,
édition de 1753.

(5) L'auteur de la préface des *OEuvres posthumes de Louis de
Héricourt*, publiées à Paris en 1759.

Il faut dire que, riche alors par l'intelligence et la considération, la famille de Héricourt ne l'était pas par la fortune, et le maigre patrimoine de magistrat et d'homme de lettres de l'historien de l'Académie de Soissons, partagé entre six enfants (1), était arrivé bien réduit dans les mains du père de Louis de Héricourt.

Celui-ci fit au collège de Soissons, que déjà la direction des Oratoriens (2) avait mis en réputation, de très-rapides études. Il les avait terminées à treize ans.

Quelle carrière allait-il suivre ?

A cet égard a eu lieu une fluctuation qui va paraître singulière et qui a tenu au peu de fortune de la famille. Dans le choix de la carrière d'un enfant, les parents n'ont pas seulement à consulter les naissantes aspirations et les facultés prédominantes de celui-ci, lesquelles d'ailleurs sont difficiles à saisir et ne se manifestent que tard bien souvent. Ils ont aussi à compter avec leurs ressources pécuniaires, et, obligés de préparer et assurer l'avenir de leurs enfants sans compromettre l'existence du reste de la famille, de leur faire prendre pour cela une carrière qui ne nécessite ni de trop longs, ni de trop lourds sacrifices, ils voient souvent leur choix circonscrit dans un cercle de professions limitées, dont plus tard les enfants, même avec une vocation décidée, parviennent rarement à sortir. Ceci, qui est vrai de notre temps, l'était plus encore avant 1789, particulièrement pour la noblesse à laquelle, on le sait, il n'était pas permis de déroger.

Louis de Héricourt avait montré dans ses classes beaucoup de goût et d'aptitude pour les mathématiques.

(1) Sans compter le droit d'aînesse. Et le père de Louis de Héricourt n'était que le troisième.

(2) Elle leur avait été conférée par un traité fait avec la ville le 20 décembre 1674, sous la condition, entre autres, d'établir et entretenir un cours complet d'études.

Il avait dans l'armée des parents, un oncle (1), qui pouvaient devenir ses protecteurs et ses guides. On songea à lui faire embrasser la carrière militaire. Tout enfant qu'il était encore au sortir du collège, il fut nommé de suite sous-ingénieur dans l'armée de Flandre, commandée par le maréchal de Villars. Le service du jeune sous-ingénieur fut-il plus sérieux et plus actif que ne l'était, vers la même époque, celui des colonels et des lieutenants-colonels de onze et douze ans? (2) Il n'a pas du moins été de longue durée. Louis de Héricourt dut bientôt renoncer à la profession des armes, dans laquelle, d'après le biographe déjà cité, il ne pouvait se soutenir sans fortune. Il quitta l'épée, et sa famille le fit entrer dans l'église.

La congrégation des Bénédictins de Saint-Maur s'était acquis une célébrité. Elle avait eu et continuait à nourrir dans ses cloîtres un essaim d'écrivains de mérite. Les nombreux et laborieux ouvrages que ceux-ci avaient déjà produits et qu'ils étaient en train de publier, avaient appelé sur leur ordre l'attention publique ; ils font encore l'admiration du monde savant. C'est dans cette congrégation que fut placé Louis de Héricourt. Si des nécessités de famille avaient amené à faire de lui un religieux, le choix de l'ordre dans lequel il entrait devait s'allier merveilleusement avec ses goûts naissants d'érudit. La perspective d'une vie consacrée à la science

(1) Jean-Baptiste de Héricourt, capitaine au régiment de Picardie. C'était le fils aîné de Julien.

(2) Qui ne connaît les vices de l'organisation militaire en France avant 1789 ? « Les grades étaient multipliés outre mesure.... . Ils » s'achetaient même dans les armes spéciales et les acquéreurs » pouvaient, sans avoir fait aucun service, devenir officiers géné- » raux. Le duc de Bouillon était colonel à onze ans; le duc de » Fronsac, à sept; son major en avait douze. » *Histoire de France*, fin du règne de Louis XV, par Duruy.

tout autant qu'à la religion devait avoir pour lui de l'attrait. Et qui de nous, sous le fardeau de la vie présente, au milieu des détails incessants, des préoccupations sans nombre qu'elle nous impose et qui nous laissent si peu à nous-mêmes et aux livres, ne s'est pas souvent surpris à porter envie à cette existence de calme solitude, de tranquilles et profondes études des Bénédictins !

Louis de Héricourt s'accommoda d'abord de la vie religieuse. Il reçut la tonsure et les quatre ordres mineurs. En même temps, il s'adonnait à l'étude des langues et il fit avec grand succès des conférences sur le texte hébreu de la Bible (1); mais bientôt il hésita, puis recula devant l'austérité du cloître, sans penser encore à renoncer à l'église. Il voulut embrasser la vie moins retirée et plus active des Oratoriens. Mais là non plus il ne put tenir. Finalement il abandonna la carrière ecclésiastique comme il avait abandonné la carrière militaire.

C'est vers la profession d'avocat, à laquelle il est resté fidèle toute sa vie, que Louis de Héricourt tourna alors ses vues, n'écoutant plus que ses seules inspirations et le sentiment d'une vocation enfin décidée, dont rien ne put le détourner. Il fit donc ses cours de droit et prit ses degrés. Et comme il avait achevé ses études lorsqu'il entrait à peine dans l'adolescence et qu'il avait ainsi du temps en réserve, il put encore, malgré les longs tâtonnements qu'on vient de voir, prendre place de bonne heure dans les rangs du barreau.

Le 24 mai 1712, à vingt-cinq ans moins quelques mois, il fut reçu au serment d'avocat devant la grand' chambre du Parlement de Paris.

(1) C'est ce que révèle l'auteur déjà cité de la préface des *OEuvres posthumes de Louis de Héricourt* et ce qui prouve la variété des études et des connaissances de ce dernier.

A cette époque, sous l'influence de Patru (1), mort vingt années auparavant, mais dont le souvenir était encore vivant au palais, le langage du barreau venait de se transformer. Il s'était débarrassé de cette phraséologie stérile, déclamatoire et pleine de hors-d'œuvre, qui a fourni à Racine l'une des principales scènes de ses *Plaideurs*. A la tête d'avocats plaidants d'une diction épurée autant que logique, se plaçait déjà, quoique fort jeune, le brillant improvisateur Cochin. Et derrière eux était toute une phalange d'avocats consultants qui, non contents d'élucider les procès par leurs recherches et leurs savants mémoires, publiaient des livres et vulgarisaient la science du droit, résumant ou coordonnant les féconds travaux des grands jurisconsultes des deux derniers siècles, commentant les coutumes et jusqu'à leurs commentateurs, rapprochant celles-ci les unes des autres, fesant de même pour les arrêts des divers parlements et préparant ainsi les voies vers une unité de législation qui, pressentie ou non, était prochaine.

On sait déjà que c'est parmi les avocats consultants que prit place Louis de Héricourt. Est-ce après s'être essayé à plaider et l'avoir fait sans succès, comme l'eminent jurisconsulte Dumoulin? (1) Il parait certain

---

(1) Patru n'était pas seulement un illustre avocat. Il a été l'un des membres les plus distingués de l'Académie française, et il se rattache par ce dernier titre à notre ville. C'est lui qui a le plus aidé à la fondation de l'Académie de Soissons, et il en a toujours été le protecteur et le guide. Il a eu avec les académiciens de Soissons, dont il était, écrivait-il, le plus fidèle ami, une correspondance suivie dans laquelle il trace, sur l'art d'écrire, des règles pleines de goût et de bon sens qu'il sera toujours utile de consulter. Voir l'*Histoire de l'Académie de Soissons*, par Julien de Héricourt, et les *Mélanges pour servir à l'histoire du Soissonnais*.)

(2) L'inaptitude de Dumoulin, pour la plaidoirie, est connue; il n'a pu, par treize ans d'efforts, en triompher. Ses biographies sont pleines de détails à ce sujet, et M. Mennesson, avocat à Laon,

qu'il fut, sous ce rapport plus heureux que ce dernier ;
et il se livra parfois à la plaidoirie (1). Mais il s'y attacha
peu, bientôt détourné de la vie active du palais par une
autre occupation, occupation rétribuée sans doute, et
qui pour cela et à raison du peu de fortune de sa famille dut lui être une précieuse ressource dans ses
débuts : sa collaboration au *Journal des Savants*. Je
dirai bientôt ce qu'était ce journal et quelle part y a
prise Louis de Héricourt. Je me borne à mentionner
ici que c'est dès la fin de l'année 1713 que ce dernier
fut accepté comme rédacteur. Ses travaux de cabinet,
devenus ainsi plus importants en même temps qu'ils
étaient plus conformes à ses goûts, lui firent négliger
la plaidoirie. Et il semble que ce soit de lui qu'il ait
voulu parler lorsque, rendant compte dans le *Journal
des Savants* (2) de la vie et des ouvrages de Pierre Pithou, et répondant à une diatribe lancée contre les
avocats plaidants, il explique ainsi pourquoi Pierre
Pithou a renoncé à plaider : « Non pas qu'il crut, comme
« le dit Mercier (3) qu'on ne peut accorder facilement
» la plaidoirie avec la probité, mais parce qu'il avait
» peine à vaincre sa timidité naturelle et qu'il se des-
» tinait à l'étude du cabinet, qui ne s'accorde que très-
» difficilement avec la plaidoirie. »

Du moment où il fut reçu avocat, puis attaché à la

enlevé si prématurément à sa famille et à la science, en dit quelques mots en tête de son excellent *Essai sur les récompenses
sous le régime de la communauté légale*

(1) On lit dans le *Journal des Savants*, année 1719, page 454,
que quelques-uns des arrêts cités ont été rendus sur des affaires
dans lesquelles Louis de Héricourt avait *plaidé* ou écrit.

(2) Année 1716, page 167.

(3) Cet écrivain a fait un éloge, en langue latine, de Pierre
Pithou ; et c'est cette œuvre qui contient l'attaque que réfute ici
Louis de Héricourt.

rédaction du *Journal des Savants* et que sa carrière
fut ainsi fixée, Louis de Héricourt, qui n'était pas
marié encore, qui se maria tard, qui vivait solitairement
et en dehors du monde et qui n'était ainsi distrait
par rien de ses occupations, se consacra tout entier à
l'étude, partageant son temps entre l'examen des
affaires pour lesquelles il fut appelé à donner des
consultations et à écrire des mémoires, entre la rédaction des articles qu'il avait à fournir au *Journal des
Savants* et la lecture, l'analyse attentive des jurisconsultes les plus renommés surtout en droit canon. Ce
travail assidu porta ses fruits. Ses consultations et ses
mémoires lui acquirent bientôt au palais une certaine
réputation ; ses articles dans le *Journal des Savants*
furent également remarqués. Des encouragements lui
furent donnés et le décidèrent à mettre lui-même au
jour le résultat de ses recherches et de ses médita-
tions. Il produisit et publia successivement : un abrégé
de *la Discipline de l'Eglise,* du père Thomassin ; *les
Lois ecclésiastiques; les Crimes et Délits* et la *Procédure
civile et criminelle ;* un *Traité de la vente des Immeubles
par décret ;* et un *Commentaire de la coutume du Ver-
mandois,* sans compter des consultations et des mémoires en grand nombre, de partie desquels il a été
composé, après sa mort, un assez volumineux recueil.

Nous sommes arrivés à l'époque de la vie de Louis
de Héricourt, à laquelle ont paru ces livres, qui ont fait
de son vivant sa fortune et sa renommée et qui font
encore aujourd'hui sa gloire. C'est le moment de
donner un aperçu de chacun d'eux. Et je vais essayer
de le faire, en suivant l'ordre de leur production. Je
parlerai d'abord de la collaboration de Louis de Héricourt au *Journal des Savants;* c'est par cette collaboration qu'il a débuté dans la carrière d'écrivain ;
et je finirai par quelques mots sur le recueil de ses

consultations et de ses mémoires dont la date, pour plusieurs, se rapproche de celle de sa mort. Je reprendrai ensuite le cours des évènements de la vie de notre jurisconsulte.

COLLABORATION AU JOURNAL DES SAVANTS.

Le *Journal des Savants*, qui existe toujours, est le plus ancien de nos journaux scientifiques et littéraires Son premier numéro date de près de deux siècles : il a paru le 5 janvier 1665.

En tête de ce numéro et par forme d'avis de l'imprimeur au lecteur, de Sallo, conseiller au Parlement de Paris, à la fois fondateur et premier rédacteur du journal, sous le pseudonyme de Hédouville, trace le programme de la feuille naissante : « Elle paraîtra, dit-il,
» toutes les semaines (1) et elle a pour *dessein* de faire
» connaître les principaux livres qui s'imprimeront dans
» l'Europe ;.... de faire l'éloge des savants que frappera
» la mort, en indiquant leurs ouvrages et les principales
» circonstances de leur vie....; de faire savoir les di-
» verses expériences de physique et de chimie qui
» peuvent servir à expliquer la nature, les nouvelles
» découvertes dans les arts et dans les sciences, les
» machines et les inventions utiles et curieuses, les
» observations du ciel, celles des météores et ce que
» l'anatomie pourra trouver de nouveau...; d'annoncer
» les principales décisions des tribunaux séculiers et
» ecclésiastiques..... On fera en sorte, dit de Sallo,
» qu'il ne se passe rien en Europe, digne de la curiosité
» des gens de lettres, qu'on ne le leur apprenne. »
Le journal, ajoute-t-il en termes que j'abrège, sera

(1) Après avoir été publié un certain temps hebdomadairement, le *Journal des Savans* l'a été de 15 jours en 15 jours, puis encore hebdomadairement jusqu'en 1724, époque à partir de laquelle, et sans plus de changement, il a toujours paru mensuellement.

« très advantageux aux autheurs, » qui ayant entrepris
un ouvrage, sentiraient le besoin de demander au public des renseignements et des pièces qui leur manque-
raient. Il sera utile aux personnes qui, « n'aimant pas
la qualité d'autheurs » tout en voulant divulguer leurs
idées, auront en lui un moyen de le faire sous le
voile de l'anonyme. Le journal, enfin, « ne sera pas
» moins libre de toutes sortes de préjugez qu'exempt
» de passions et de partialité. »

Le programme, on le voit, se montre engageant et il
paraîtra bien large : littérature, histoire, philosophie,
droit, médecine, physique, mathématiques, astronomie,
tout allait entrer dans la feuille nouvelle dont le cadre
embrassait ainsi l'ensemble des connaissances humaines.
Mais le journalisme scientifique et littéraire était à son
début. Ce que voulait le fondateur, c'était signaler les
livres nouveaux, les décisions judiciaires, c'était pro-
pager les découvertes scientifiques. Cela devait, selon
lui, ne comporter que peu de développements, ne con-
sister qu'en de simples analyses, de sommaires indica-
tions. Et, si l'impartialité promise n'était pas, à ses
yeux, ainsi qu'on va le voir, exclusive de critique, cette
libre appréciation ne devait aussi tenir que peu de place.

Toutes les matières annoncées par de Sallo purent en
effet être traitées par le journal, et cela sans trop de
difficultés, si ce n'est pas sans réclamations. Mais à ceux
qui se plaignaient de cette diversité, la feuille répondait
assez lestement : « Ils peuvent lire les articles qui leur
» conviennent et passer les autres. Si l'on voulait con-
» tenter tout le monde, il faudrait un journal particulier
» sur chaque matière. (1) »

Une difficulté plus grande et qui alla jusqu'à compromettre l'existence du journal, vint de cette liberté d'ap-

____

(1) Avertissement en tête du premier numéro de 1702.

préciation dont je viens de parler, de ce droit de critique qui est aujourd'hui passé dans nos mœurs, qui était loin alors d'être du goût de tout le monde et sans lequel pourtant le journalisme perdrait toute influence et même sa raison d'être.

De Sallo, dans des articles qui émanaient de lui, bien que non signés (aucun article du journal ne l'était), s'exprima librement non pas seulement à l'encontre des écrivains, mais à l'égard des décisions de la Congrégation de l'Index. Il trouva mauvaises les œuvres de quelques savants et il le dit (1). Il pensa que certains livres condamnés à Rome, parmi lesquels celui des *Libertés de l'Église gallicane* de Pierre de Marca, ne devaient pas l'être, et il dit que ces livres, malgré la censure, n'en conserveraient pas moins l'approbation universelle (2). Ces observations, vraies au fond, vives de forme, parurent des hardiesses impardonnables. Plusieurs savants se récrièrent : la république des lettres allait perdre sa liberté, et ils ne voulaient point de tribunal qui prononçât sur leurs ouvrages Le nonce du Pape se plaignit, de son côté, du peu de respect du nouveau journal pour les décisions de la cour de Rome. Les choses s'envenimèrent et de Sallo dut arrêter la publication de sa feuille (3). Après le treizième numéro,

(1) Premier volume, pages 87, 118, etc.

(2) Numéro du 12 janvier 1665, pages 14 et 15.

(3) Dans une *Notice historique sur le Journal des Savants*, notice fort intéressante et qui précède la table méthodique et analytique des articles de ce recueil, depuis sa réorganisation, en 1816, jusqu'en 1858, M. Hippolyte Cocheris dit que cette suspension doit être attribuée à la seule influence du nonce du Pape. Et il appuie son opinion sur divers renseignements, notamment ceux émanés de Chapelain, et sur les propres assertions du journal, dans un prospectus de 1791. Je persiste néanmoins à penser que les gens de lettres n'y sont pas demeurés étrangers. Leur irritation était trop vive et elle a été, comme on va le voir, trop persistante pour qu'ils n'aient pas eux-mêmes usé de toute leur influence ; d'un autre

celui du 30 mars 1665, le *Journal des Savants* cessa de paraître. Son fondateur, pour ne rien céder de son indépendance, renonça même pour toujours au journalisme.

Il n'en fut pas de même de l'abbé Gallois, l'un de ses collaborateurs. Celui-ci ne voulut pas laisser périr l'entreprise commencée. Il s'efforça d'intéresser à son succès le ministre Colbert et, par ce ministre, Louis XIV lui-même. Et, après de longs efforts, de nombreuses démarches, il finit par réussir. Le 4 janvier 1666, reparut le journal avec une dédicace au roi et un avertissement au lecteur. La dédicace est dans le style de l'époque. Ce sont de ces phrases adulatrices devant lesquelles n'a pas su reculer, lui non plus, le maître du Parnasse, comme on l'appelait alors, le judicieux Boileau. N'a-t-il pas écrit, dans sa huitième épitre :

« Grand roi, cesse de vaincre ou je cesse d'écrire » ?

L'avertissement s'adressait humblement aux savants dont il cherchait à calmer l'irritation. « Quelques per-
» sonnes se sont plaintes, y lit-on, de la trop grande
» liberté qu'on s'est donnée de juger toutes sortes de
» livres, et certainement il faut avouer que c'était entre-
» prendre sur la liberté publique et exercer une espèce
» de tyrannie dans l'empire des lettres que de s'attribuer
» le droit de juger des ouvrages de tout le monde.
» Aussi est-on résolu de s'en abstenir à l'avenir et, au
» lieu d'exercer sa critique, de s'attacher à bien lire les
» livres pour en pouvoir rendre un compte plus exact
» qu'on n'a fait jusqu'à présent. »
La critique continua malgré ces excuses et en dépit

côté, les affirmations du prospectus de 1791 doivent paraître d'autant moins décisives qu'on peut croire avec raison que, cherchant alors à se réorganiser, le journal était bien aise de se présenter à l'opinion (M. Cocheris le reconnait d'ailleurs) comme une première et une ancienne victime du despotisme du clergé.

de ces humbles promesses. Aussi, les plaintes se renou-
velèrent. Elles trouvèrent au sein même de l'Académie,
le 1er décembre 1707, un organe passionné dans la personne de M. de Sacy. Cet académicien, en fesant l'éloge
d'un de ses collègues, M. Cousin, qui avait été rédacteur
du *Journal des Savants*, et qu'il opposait à d'autres
rédacteurs de la même feuille qui s'étaient permis de ne
pas trouver sans défauts les œuvres de l'orateur,
s'écriait : « Cousin, loin de s'imaginer qu'en fesant
» l'extrait des livres il eût acquis le privilège de faire
» une satyre, ... ne se regarda même jamais ni comme
» le juge, ni comme le censeur du livre dont il parlait...
» Il se souvint toujours qu'il n'en était que l'historien. »
Mais, répliqua le journal « ce qui distingue l'historien
» du panégyriste, n'est-ce pas que le panégyrique cache
» les faiblesses pour ne relever que les perfections, et
» que l'histoire au contraire découvre au naturel les
» vices comme les vertus ? Comment donc être historien
» d'un ouvrage, sans en marquer les défauts ? Et comment
» les bien marquer sans être accusé d'en juger ? » (1)

La réponse était sans réplique et le droit de critique
littéraire ne pouvait plus être sérieusement contesté.
Aussi l'*Europe savante*, journal créé en Hollande à l'imi-
tation du nôtre (2), racontant plus tard (3) l'histoire de
ce débat et applaudissant à son succès, ajoutait-elle
plaisamment qu'elle rendrait compte des livres, qu'elle

(1) Année 1708, pages 6 et 7

(2) Indépendamment de l'*Europe savante*, il a encore été créé
d'autres feuilles semblables et en grand nombre. Il en a été publié à
Londres, à Rome, à Venise, à Leipsick, à Hambourg, à Berlin, à
Zurich, etc. Les rédacteurs du *Journal des Savants*, en rappelant
quelque part le droit d'aînesse de ce journal, ajoutaient : « Puisse-t-il
avoir encore la prééminence du mérite, qui n'est pas cependant
toujours le partage des aînés. »

(3) En 1718.

se permettrait même de les juger et qu'elle publierait les critiques de ses critiques. Le *Journal des Savants*, plus calme, voyant les choses de plus haut et toujours désireux d'apaiser l'ombrageuse susceptibilité des gens de lettres, a, lui, clos cette longue lutte par une décla-ration qui ouvre l'année 1724 et qui, quelque peu obsé-quieuse en la forme, ne manque pas au fond de fermeté. Il s'y montre plein de courtoisie pour les écrivains, il est prêt à accueillir leurs réclamations, il leur ouvre pour cela ses colonnes. Mais il maintient sa liberté d'appré-ciation et il la maintient, non plus seulement comme un droit, mais comme un devoir que lui impose l'équité, qu'exigent le bon goût et le progrès des lettres. (1)

En même temps que prenait pied, dans le *Journal des Savants*, cette critique consciencieuse, exempte à la fois de faiblesse et de passion, commençaient également à s'y produire les idées de tolérance en matière reli-gieuse, de fraternité entre les peuples. Une déclaration contenue dans l'avertissement qui a paru en tête de l'année 1702, témoigne du moins d'une certaine tendance vers ces idées (2) Et si l'un et l'autre principe, tels que

(1) « Nous nous éloignerons également et de la basse flatterie et
» de la censure amère. Nous voudrions pouvoir toujours louer,
» mais l'équité s'y oppose. Le bon goût et le progrès des lettres
» sont intéressés au discernement des ouvrages. Ainsi, nous loue-
» rons et nous censurerons aussi quelquefois.... Nous supplions
» tous les auteurs présents et à venir de ne nous savoir pas mau-
» vais gré lorsque nos extraits ne leur paraîtront pas assez favo-
» rables et d'être persuadés que ce sera toujours sans partialité
» que nous parlerons de leurs écrits. Lorsque nous en aurons
» fait remarquer les défauts, nous nous offrons d'insérer dans notre
» journal leur apologie, pourvu qu'elle soit assaisonnée de politesse
» et fondée en raison. » (Premier numéro de 1724, *Avertissement*.)

(2) « Les préjugés des journalistes et leur partialité en faveur
» de leur religion et de leur pays sont des défauts qu'on leur
» reproche avec raison, surtout après qu'ils ont promis publique-
» ment de s'en défaire. La compagnie, sans s'engager à rien,

les a définitivement formulés le XVIIIe siècle, y sont à
peine posés, si de plus le journal s'y donne le tort de
mêler à une épigramme contre une autre feuille les plus
singulières réserves pour lui-même, une telle déclaration
n'en doit pas moins être signalée. C'est quelque chose
de remarquable pour l'époque que cette répudiation
publique, si restreinte qu'elle soit dans ses termes, de
toute distinction de religion et de nationalité.

Le même avertissement de 1702 contenait l'annonce
d'une modification importante dans l'organisation de la
rédaction. C'est le dernier trait par lequel j'achève de
faire connaître le journal. Jusque là , la rédaction était
restée l'œuvre particulière de de Sallo d'abord, puis de
l'abbé Gallois, et ensuite de chacun des hommes de
lettres qui, successivement, avaient continué le journal :
ce qui n'excluait pas le concours de collaborateurs ni
celui des écrivains et des savants contemporains qui
envoyaient spontanément des articles , mais ce qui
laissait peser sur une seule tête la charge de la direction
et souvent même celle de la plus grande partie du travail, et il en arrivait que parfois la matière manquait à
l'imprimeur Par cette cause qu'il laisse entrevoir, et
peut-être par d'autres encore, le journal souffrit dans
sa périodicité vers 1687. Il éprouva des retards, même
des interruptions. Le gouvernement, qui avait alors plus
ou moins la main dans tous les journaux (1), vint en
aide à plusieurs reprises à sa publication (2). Il alla plus

» espère que les lecteurs, de quelque religion et de quelque pays
» qu'ils soient, seront contents d'elle sur cet article » Premier
numéro de 1702, *Avertissement.*

(1) Voir, dans les *Mémoires de Barthélemy* (en tête de son
Voyage du jeune Anacharsis en Grèce, page 15, édition de Firmin
Didot, in-4°, 1859), comment se donnait et se retirait le privilège
de publier un journal.

(2) « La discontinuation tient au désir du premier magistrat du

loin en 1702. Le garde des sceaux et chancelier de
France, de Pont-Chartrain, donna au journal une sorte
de caractère officiel, en fesant d'ailleurs de la rédaction
une œuvre non plus individuelle, mais collective. Il
forma lui-même (1) une compagnie de gens de lettres
pour travailler à la feuille des savants, et c'est chez
l'abbé Bignon, conseiller d'État, c'est après celui-ci chez
des fonctionnaires se rattachant à la chancellerie (2) que
cette compagnie tint, une fois par semaine, les réunions
dans lesquelles se discuta et s'arrêta désormais la rédaction du journal. Cette organisation, en augmentant le
nombre des rédacteurs, assura l'exactitude du travail ;
et, comme à raison de la multiplicité des matières traitées
par la feuille, les divers membres du comité étaient pris
dans toutes les branches de la littérature et de la science,
la rédaction réunissait pour toutes choses les éléments
d'une appréciation d'autant plus éclairée et d'une critique d'autant plus sûre. Aussi, l'organisation dont il
s'agit assura-t-elle la marche régulière et prospère du

» royaume qu'à l'avenir le journal fût le plus exact que possible. »
Avertissement, en tête du premier numéro de 1687 (17 novembre).

« Lorsque je commençai à imprimer le journal par ordre de M.
» le chancelier. » *Avertissement* en tête de l'année 1689.

(1) « M. le chancelier, dont les soins ne s'étendent pas moins à
» l'avancement et à la perfection des arts et des sciences qu'au
» règlement de l'Etat et à l'observation exacte des lois du royaume,
» ayant considéré qu'il était difficile que le *Journal des Savants*
» répondît parfaitement à l'attente du public, soit à cause du peu
» de soin qu'avaient les libraires de faire venir les livres qui s'im-
» priment dans les pays étrangers, soit parce qu'une seule per-
» sonne ne peut pas suffire à la lecture de tous les livres et à faire
» les extraits dont le journal doit être composé, a bien voulu se
» donner la peine de former une compagnie de gens de lettres
» pour travailler à cet ouvrage. » *Avertissement* en tête de
l'année 1702.

(2) Même avertissement ;
Année 1718, p. 363 et suivantes

journal jusqu'en 1789, et elle survécut à tous les chaugements de gouvernement qui ont eu lieu depuis; elle est encore la même à l'heure qu'il est. (1)

Tel était le *Journal des Savants*. Premier organe sérieux de la critique littéraire, vulgarisateur empressé des œuvres et des découvertes scientifiques, il devint non pas le guide, il n'en avait même pas la prétention, mais l'écho fidèle et complet du monde savant. Il activa utilement, par sa publicité de plus en plus grande (2), le mouvement intellectuel des XVIIᵉ et XVIIIᵉ siècles. Mais il ne faut pas y chercher autre chose que de la littérature et de la science. Il reste absolument fermé à la politique, aux évènements, aux discussions qui y touchent de près ou de loin. C'est ainsi qu'il traverse, sans en rien réfléter, l'agitation religieuse qui a suivi la révocation de l'édit de Nantes, l'agitation philosophique des encyclopédistes, et l'agitation politique, avant-coureur de la révolution de 1789. Il vient même se heurter et s'arrêter, sans avoir rien fait pressentir et comme sans

(1) Depuis 1816, la compagnie ou plutôt le bureau, comme on l'appelle aujourd'hui, est composé de quatre assistants et de douze auteurs ou rédacteurs, tous membres de l'Institut et pris dans chacune de ses classes. Il a eu pour président, jusqu'en 1857, M. le garde des sceaux, ministre de la justice. A cette époque, il a été mis dans les attributions et sous la présidence du ministre de l'instruction publique. Il est aujourd'hui placé sous l'autorité du ministre d'Etat, qui en est président.

(2) Le plus simple examen de son recueil peut donner une idée de l'accroissement progressif de cette publicité. D'un format in-4º, ses numéros, au début, composent à peine un volume de deux à trois cents pages par année; ils atteignent, en 1685, cinq cents pages ; en 1702, sept cents pages, avec un supplément qui a parfois la même importance; et, à partir de 1724, huit à neuf cents pages, avec texte à deux colonnes et un bulletin bibliographique qui donne l'indication de tout ce qui s'imprimait en Europe dans l'intervalle d'un numéro à l'autre. La collection, jusqu'en 1791, comprend 129 volumes, outre une table en cinq volumes, de l'abbé de Claustre, qui s'arrête en 1750.

rien soupçonner, devant les premiers soulèvements de
cette révolution. Et vainement, à deux reprises différentes (1), il essaie de se reconstituer au milieu de ces
temps orageux. Ce n'est qu'en 1816, quand la politique
intérieure et extérieure a repris plus de sérénité, qu'il
peut parvenir à se réorganiser et recommencer à vivre
dans la calme atmosphère de la science et de la paix.

J'ai déjà dit que la collaboration de Louis de Héricourt a commencé sur la fin de 1713. Il y avait douze
ans qu'avait été formée la société de rédaction. Le
choix qui a été fait de lui pour entrer dans cette société
et en partager les travaux, est dû, d'après une version
rétrospective du journal (2), à d'Aguesseau, qu'elle indique comme étant déjà chancelier, mais qui n'était
encore que procureur-général au Parlement de Paris. Il
est dû, d'après une autre version, celle suivie par la
biographie universelle, à l'abbé Bignon, qui aurait
obtenu cette nomination du Chancelier de Pont-Chartrain, son oncle. La vérité, sans doute, c'est que ce
choix a été appuyé par tous les deux : par l'abbé Bignon, fort répandu parmi les savants, et qui n'avait pu
ignorer les brillantes conférences du jeune professeur
de l'Oratoire; par d'Aguesseau, que ses fonctions de
procureur-général avaient mis à même d'apprécier les
solides études du nouveau juriste.

Louis de Héricourt se trouva là en savante compagnie.
L'abbé Bignon continuait à recevoir chez lui le comité
et présidait ses conférences. Audry, docteur régent de
la Faculté de médecine de Paris; l'abbé Roguet, docteur
en théologie de la Faculté de Toulouse, lecteur du Roi;
Burette, pensionnaire de l'Académie royale des Belles-
Lettres, et d'autres savants étaient rédacteurs. Louis de

(1) En 1791 et en 1796.
(2) Année 1760, pages 667 et suivantes.

Héricourt ne voulut pas rester au-dessous de collègues honorés de grades universitaires et de titres littéraires aussi élevés. Il devint l'un des membres les plus labo - rieux et les plus assidus de la rédaction. Il en fut aussi l'un des plus persévérants : en 1726, sa collaboration continuait; le journal, à cette époque (1), l'indique comme l'un de ses auteurs ; et elle n'a cessé, suivant la *biographie universelle*, que le 21 janvier 1736. Elle a ainsi duré plus de 22 ans.

Comme jurisconsulte, le nouveau journaliste avait son rôle marqué dans la rédaction : à lui revenait naturel- lement la tâche de faire les *extraits*, c'est l'expression usitée alors, en d'autres termes, les comptes-rendus des ouvrages, les articles sur les décisions et sur les faits rentrant dans le domaine du droit. Ses premières études sur les langues anciennes, la littérature, l'histoire, les mathématiques, le rendaient aussi très-apte à écrire sur ces divers sujets et il paraît certain qu'il l'a fait. Mais, ainsi que déjà il a été dit, les articles du journal ne sont pas signés; ils présentent de plus une certaine conformité d'allure qui ne permet pas, à la seule vue du style, d'en distinguer l'auteur. On ne peut donc attri- buer à Louis de Héricourt que ce qui lui a toujours été attribué, ce qui rentre dans sa spécialité, ce qui est d'autant plus de lui que, de son temps, il est le seul jurisconsulte indiqué comme rédacteur : les articles sur le droit. Et considérée dans ces seuls articles, sa coopération n'en reste pas moins importante, car ces articles sont nombreux surtout dans les douze pre- mières années de sa collaboration, et ils roulent sur le droit canonique ou ecclésiastique, sur le droit civil tant écrit que coutumier, sur le droit romain, sur le droit étranger, sur le droit pénal, sur la procédure..... en un

(1) Année 1726, page 711

mot sur toutes les branches de la législation et de la jurisprudence.

Les articles, les extraits de Louis de Héricourt commencent d'habitude par l'exposé des principes généraux de la matière traitée par les livres dont il rend compte, ou bien par le rappel des ouvrages qui ont précédé ces livres, par des considérations sur le plus ou moins d'opportunité de leur publication. Tout cela est exprimé en peu de mots, mais aussi en pleine connaissance du sujet. Je n'en veux donner pour exemple que ce passage (1) où il explique la nécessité d'allier ensemble l'étude de la doctrine et celle de la jurisprudence : « Dans la jurisprudence française, dit-il, il est presque » également dangereux de s'attacher trop aux arrêts et » d'en rejeter absolument l'étude. Si l'on ne suit que » les arrêts pour guides, on manque souvent de princi- » pes et tout devient arbitraire. Si au contraire on ne » s'instruit pas des jugements qui se rendent dans les » tribunaux, on est comme étranger dans la pratique, et » avec la connaissance des règles on court risque de » donner de mauvais conseils et d'engager à grands frais » les parties dans des contestations où elles succombent. » Il faut donc, pour garder un juste milieu entre ces » deux extrémités, joindre la science du palais à celle » des lois, puiser d'abord les premières règles dans » leurs sources et apprendre ensuite les interprétations » ou les changements que les princes ou les magistrats » supérieurs ont jugé à propos d'y apporter. » Louis de Héricourt écrivait cela en 1714. Il y a quelques années, un savant jurisconsulte de notre époque, amené à traiter le même sujet, disait de son côté : « .... Aussi ai je

(1) Année 1714, page 103. Examen du tome II des *Arrêts notables des différents tribunaux du royaume*, par Me Mathieu Augeard, avocat au Parlement.

» toujours déploré cette espèce de divorce que l'on re-
» marque parfois entre la théorie et la pratique, et ces
» dédains réciproques qu'elles se témoignent si mal-à-
» propos de part et d'autre. Comme si la théorie, étran,
» gère au progrès du temps et des mœurs, privée des
» enseignements de l'expérience, ne devait pas dégéné-
» rer bientôt en vaine spéculation ! Comme si la pra-
» tique, sans méthode et sans règle, n'était pas autre
» chose à son tour qu'une pitoyable et dangereuse rou-
» tine ! Rien donc n'est plus nécessaire ni plus désirable
» que leur alliance pour conserver à la science du droit
» son caractère essentiel, pour la maintenir dans sa voie-
» pour la diriger enfin vers le but marqué à ses efforts,
» vers un but d'application utile, positive et pratique (1). »
On me pardonnera, je l'espère, cette dernière citation.
Je n'ai pu résister au désir de rapprocher ces deux
textes, si éloignés par le temps, si semblables quant aux
idées, de mettre un instant en présence notre célèbre
jurisconsulte du XVIIIᵉ siècle et un grand jurisconsulte
du XIXᵉ, notre compatriote aussi et déjà aussi l'une de
nos illustrations, M. Demolombe, né à Villers-Cotte-
rêts, doyen de la Faculté de droit de Caen, qui,
pour mieux se consacrer à la science, s'est refusé à
l'honneur de siéger à la Cour de cassation, et qui est en
train d'élever à notre droit civil moderne un monument
impérissable. (2)

Je reviens à l'examen des articles et extraits de Louis
de Héricourt. Les principes posés et les considérations
préliminaires présentées, notre journaliste aborde le
livre soumis à son appréciation. Il fait de ce livre une

(1) Préface du *Cours de Code Napoléon*, par M Demolombe,
pages 4 et 5.

(2) *Le Cours de Code Napoléon*. Déjà dix-neuf volumes ont
paru. L'éloge de cet ouvrage est dans tous les journaux et dans
tous les recueils qui s'occupent de législation et de jurisprudence.

analyse sommaire, il en indique l'objet, les principales divisions, la conclusion ; et, pour achever de le faire connaître, il en cite les passages saillants.

Souvent, chemin fesant et au cours de son analyse, il laisse percer son opinion et il le fait parfois avec une fine ironie : « L'auteur, dit-il, en parlant d'un livre » ayant pour titre : *Eloges et devoirs de la profession* » *d'avocat*, remonte dans le sein de la divinité pour y » trouver l'origine des avocats en la personne du Verbe » qui prit au sein de Dieu la défense de l'homme. (1) » D'autres fois, la critique vient à la fin et, si elle se montre sévère, elle reste convenable : « Dans une édi- » tion ultérieure, l'auteur approfondira davantage ; il » éclairera ce qui est obscur, embarrassé ; il corrigera » ce qu'il a avancé d'avis singuliers et mettra plus d'or- » dre et de raison... (2) »

Du reste, jamais d'amertume, pas même de vivacité. Une fois seulement, on sent, sous la placidité de l'ex- pression, quelque chose de plus animé, de plus per- sonnel. Il s'agit de deux traités (3) de Du Perray, ancien bâtonnier de l'ordre des avocats de Paris, jurisconsulte qui n'était pas sans mérite, auteur fécond, qui avait beaucoup critiqué *les Lois ecclésiastiques* de Louis de Héricourt : « Notre auteur, dit celui-ci, déclare qu'il a » beaucoup de peine à se rendre à l'autorité d'un arrêt » du 29 août 1716, en faveur du prieur curé de Vailly, » au diocèse de Soissons, contre les religieux de Saint- » Yved de Braine, du même diocèse. L'auteur du traité » des *Lois ecclésiastiques* de France, qui avait travaillé » dans la même affaire pour le curé, propose cet arrêt

(1) Année 1714, page 251.

(2) Année 1720, page 397. Il s'agit d'un *Traité de la légitime et de la représentation*, par Guillaume de la Champagne.

(3) Le *Traité des portions congrues* et le *Traité des droits ho- norifiques et utiles des patrons et curés primitifs*.

» comme un exemple qui doit être suivi dans les affaires
» de même nature. Ceux qui prendront la peine de con-
» fronter ce que ces deux auteurs disent sur cet arrêt,
» décideront si M. Du Perray a mis dans tout leur jour
» les raisons sur lesquelles est intervenu l'arrêt, à l'au-
» torité duquel il a tant de peine à se rendre. (1) »

A part cette légère humeur, la personnalité du journaliste n'apparait nulle part ailleurs, celui-ci s'efface
devant l'auteur du livre qu'il analyse; il s'efface également-
ment, quand la feuille rend compte de ses propres ouvrages ou de ses plaidoyers. De ces ouvrages et plaidoyers, elle ne dit pas plus que de ceux de tout autre.
Elle se borne à les analyser, à en reproduire quelques
passages, et jamais un mot d'éloge. Le prospectus ni la
camaraderie n'étaient pas encore inventés (2).

Fidèle aux règles de conduite qu'avait adoptées la rédaction et qu'on a vu retracées dans les avertissements
de 1702 et de 1724, Louis de Héricourt se montre, dans
ses articles, en même temps que plein d'aménité pour
les personnes, plein de tolérance pour les idées On en
trouve la preuve dans chaque numéro. C'est ainsi qu'é-
levé dans des sentiments monarchiques et religieux, il
dit sans réflexion : « L'orateur soutient en zélé répu-
» blicain que le peuple est en droit de déposer les
» princes qui abusent de leur autorité et que les sou-
» verains n'ont aucun pouvoir sur leurs sujets par rap-

(1) Année 1721, page 273.
(2) Cependant, M. H Cocheris, dans sa notice déjà citée, rap-
porte à ce sujet une anecdote assez piquante. La Rochefoucault,
l'auteur des *Maximes*, avait demandé à une dame de ses amies un
article sur cet ouvrage, article qui devait être inséré dans le *Journal des Savants*. L'article fut fait et montré à La Rochefoucault
qui demanda des corrections. La dame, fatiguée, lui abandonna
on manuscrit. La Rochefoucault fit paraître l'article dans lé journal après y avoir préalablement biffé la partie critique et laissé
seulement la partie élogieuse de son livre.

» port au choix de la religion. (1) » Mais son respect
pour les idées des autres n'est pas l'abdication des
siennes. Il sait soutenir celles-ci avec fermeté et persé-
vérance. Il montre notamment pour la défense des droits
et des libertés de l'église gallicane une ardeur sur laquelle j'aurai occasion de revenir et qui est dans la tra-
dition de Guy Coquille, de P. Pithou, de d'Aguesseau
et de M. le procureur-général Dupin.

Son style, comme on l'a pu voir par les passages que
j'ai cités, n'a rien de vif ni de bien élégant. Mais il se
recommande par sa clarté et il est relevé par une saine
érudition. Louis de Héricourt connaît parfaitement les
jurisconsultes de son époque et ceux des temps anté-
rieurs. Il connaît de même leurs œuvres. Il sait en quelques mots tracer le caractère de l'écrivain qu'il nomme
et dire la portée du livre qu'il rappelle. Pour mieux
renseigner sur l'ouvrage qu'il analyse, il entre au besoin dans des détails biographiques sur l'auteur ; s'il
s'agit d'une œuvre posthume, il détermine l'époque à
laquelle elle a été composée ; il indique les lois et les
arrêts importants qui sont survenus depuis (2). Il excelle
surtout à présenter l'historique d'une question, d'un
point de droit ; et s'il semble se contenter de la législation de son temps, sans trop se préoccuper de son amé-
lioration (3) , il sait comprendre et exposer l'utilité des
réformes qui se produisent (4).

Tout cela donnait à la rédaction de Louis de Héricourt
une valeur qui, je l'ai dit, n'a pas échappé à ses con-

(1) Année 1714, page 113, à propos de Gérard Noodt.

(2) Voir comme exemple le compte-rendu des œuvres de Duples-
sis, année 1728, page 221 et suivantes :

(3) Louis de Héricourt, dans le *Journal des Savants*, ne mani-
feste guère de vœux ni de vues de réforme. Mais on le verra dans
son *Traité de la vente des immeubles par décret* , aspirer large-
ment vers l'unité de législation.

(4) Année 1717, page 473.

temporains. Et je ne puis mieux terminer cet aperçu de sa coopération au journal qu'en reproduisant ce qu'ils en ont dit après sa mort et lorsque, depuis vingt-cinq ans déjà, cette coopération avait cessé. « Ses extraits, » faits avec beaucoup d'ordre et de netteté, embellirent » cet ouvrage périodique (*le Journal des Savants*) et firent » un nom à l'auteur. » (1) « Il a travaillé à cette feuille, » dit lui-même à son tour le journal, et les savants » extraits qu'on y trouve de lui sont une preuve bien » éclatante, de la netteté de ses idées, de la profondeur » de sa science et de son amour constant pour le tra- » vail. (2) »

Aussi, Louis de Héricourt a-t-il toujours été mis au rang des principaux rédacteurs du journal. C'est à ce titre qu'il est rappelé, en 1816, dans le nouveau programme qui a paru alors. Et il y a lieu de s'étonner que dans la biographie, pourtant si pleine de renseignements, mise en tête de ses œuvres posthumes, il n'ait été rien dit de cette collaboration, qu'elle n'y soit pas même mentionnée. Si le *Journal des Savants* a eu sur le progrès des lettres et des sciences l'utile influence que j'ai indiquée, Louis de Héricourt peut, à bon droit, pour sa longue et savante collaboration, revendiquer sa part dans ce succès.

(1) Le *Dictionnaire historique* portatif, 1769.
(2) Le *Journal des Savants*, année 1760, page 667 et suivantes.

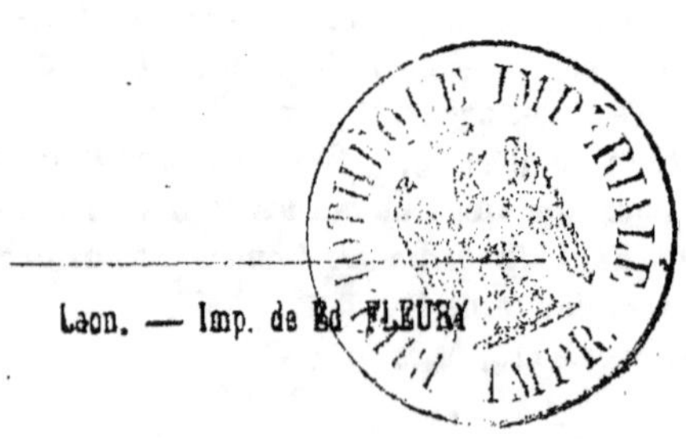